CLV

David Gooding / John Lennox

Opium fürs Volk?

CLV

Christliche Literatur-Verbreitung e. V.
Postfach 11 01 35 · 33661 Bielefeld

Wenn nicht anders vermerkt, wurde die Elberfelder Übersetzung 2003 (Edition CSV Hückeswagen) verwendet.
Andere verwendete Bibelübersetzung:
NeÜ = Neue evangelistische Übersetzung

1. Auflage 2012
2. Auflage 2013
3. Auflage 2015

Titel der englischen Originalausgabe: Christianity – Opium or Truth?

Das Kapitel »Die Suche nach Sinn und Werten« ist eine Übersetzung des 1991 von John Lennox gehaltenen Vortrags »The Search for Meaning and Values«

Übersetzung: Gabriele Lippa, Heidi Lindner
Umschlag: OTTENDESIGN.de, Gummersbach
Satz: CLV
Druck: GGP Media GmbH, Pößneck

Bestell-Nr. 256.151
ISBN 978-3-86699-151-4

Inhalt

Zu den beiden Autoren

David W. Gooding, M.A., PhD, Professor emeritus für alttestamentliches Griechisch an der Queen's University Belfast, ist Mitglied der Royal Irish Academy. Professor Gooding ist ein gefragter Bibellehrer und zu diesem Zweck in viele Länder gereist.

Neben seinen akademischen Werken ist er auch Autor von lebendigen, hilfreichen Auslegungen über das Lukasevangelium, die Apostelgeschichte und den Hebräerbrief.

John C. Lennox, M.A., PhD, Dphil, D.Sc., ist Professor für Mathematik an der Universität von Oxford und ferner in der Forschung in Mathematik und Wissenschaftsphilosophie am Green Templeton College der Universität von Oxford tätig. Er ist Autor von zahlreichen akademischen Werken in seinem Fachgebiet Mathematik und bereist viele Länder, um Lehrvorträge über Mathematik, Apologetik und die Bibel zu halten.

Vorwort

Dieses Buch enthält mehrere Artikel von uns, die ursprünglich in verschiedenen russischen Zeitschriften erschienen sind, unter anderem in *Poisk* (»Suche«), der Zeitschrift der Akademie der Wissenschaften, und in der *Literaturnaja Gaseta* (»Literaturzeitung«). Einige Bekannte fanden diese Artikel hilfreich und haben uns gebeten, sie auch auf Deutsch zu veröffentlichen, um sie einem breiteren Leserkreis zur Verfügung zu stellen. Für diese Ausgabe wurden die Artikel leicht überarbeitet, dennoch bitten wir die Leser, sich von Zeit zu Zeit daran zu erinnern, dass es sich ursprünglich um Aufsätze für Zeitschriften handelte, mit all den daraus folgenden Beschränkungen bezüglich Länge, Stil usw. Wir hoffen, dass sie sich im deutschen Sprachraum in vielen Situationen bewähren werden.

Die erste englische Auflage dieses kleinen Buches hat sich für mehr als eine halbe Million Leser in vielfacher Hinsicht als hilfreich erwiesen. Viele dieser Leser haben uns geschrieben und von Schwierigkeiten berichtet, die ihnen im Wege stehen und sie davon abhalten, die christliche Botschaft anzunehmen. Diese überarbeitete Ausgabe stellt sich offen und ehrlich einigen dieser Fragen und will zeigen, dass diese Schwierigkeiten nicht unüberwindbar sind und dass es einen intellektuell akzeptablen Weg zu einem persönlichen Glauben an Jesus Christus gibt.

David Gooding, Belfast
John Lennox, Oxford

Die weiteren Kapitel aus »Christianity – Opium or Truth?« wurden auf Deutsch in folgenden Taschenbüchern von CLV veröffentlicht:

»Die Bibel – Mythos oder Wahrheit?«
ISBN 978-3-89397-468-9

»Wer glaubt muss denken«
ISBN 978-3-89397-404-7

Das Kapitel »Die Suche nach Sinn und Werten« basiert auf einem Vortrag, den Professor Dr. John Lennox auf dem Internedelya-Festival in Akademgorodok (Nowosibirsk) am 29.04.1991 hielt – gesponsert von der Sowjetischen Akademie der Wissenschaften und dem Club of Rome. Das Thema lautete: »Gedanken über die Zivilisation am Ende des 20. Jahrhunderts«.

Hat die moderne Wissenschaft den Glauben an Gott unmöglich gemacht?

John Lennox

Ein moderner Mythos

Es gibt einen Mythos, der tief im Denken der Menschheit verankert ist und der das Denken der Menschheit der modernen Welt geprägt hat. Es ist die Überzeugung, dass die Wissenschaft den Glauben an Gott und das Übernatürliche für den denkenden Menschen überflüssig und unmöglich gemacht hat. Es handelt sich hierbei um einen sehr weit verbreiteten Mythos, um einen Trugschluss, den die Menschen unglücklicherweise mit echter Wissenschaft verwechselt haben. Wir wollen nun die Entstehung dieses Mythos näher betrachten.

Die allgemein akzeptierte Vorstellung ist, dass der Glaube an Gott und das Übernatürliche in einem primitiven Stadium der menschlichen Entwicklung entstand. Der Mensch des Altertums wurde mit den verschiedensten Vorgängen und Geschehnissen konfrontiert, die er sich nicht erklären konnte. Von einigen dieser Vorgänge hing sein ganzes Leben ab, wie z. B. vom Reifen der Ernte und von der Fruchtbarkeit der Tiere. Andere Ereignisse, wie Donner und Blitz, Sturm und Krankheiten, bedrohten seine Existenz. Da er diese Vorgänge nicht verstand und Ehrfurcht vor ihnen hatte, tat er, was ein Kind tun würde – er personifizierte sie. Wenn Mondfinsternis war, stellte er sich vor, irgendein Dämon würde versuchen, den Mond zu erwürgen. Der Mensch versuchte daraufhin, durch verschiedenste Religionen und durch Magie den Dämon zu verjagen. Wenn es donnerte, stellte er sich vor, dass irgendein Gott sprechen würde, und wenn der Blitz einschlug, dachte er, dass ein böser Geist ihn zerstören wolle. Er meinte sogar, durch die Beobachtung von verschiedenen ungewöhnlichen Phänomenen der Natur voraussagen zu können, was die Götter vorhatten. Doch da wir die Wissenschaft in den letzten Jahrhunderten auf ein hohes Niveau gebracht haben, verstehen wir immer mehr von den Vorgängen in der Natur. Wir wissen nun, dass eine Mondfinsternis nicht durch einen Dämon verursacht wird, genauso wenig wie Blitz und Krankheiten durch böse Geister entstehen. Wir haben herausgefunden, dass die Vorgänge in der Natur unpersönlich und im Prinzip alle – außer auf Quantenebene – völlig vorhersehbar sind. Deswegen argumentieren Atheisten, dass wir nicht länger die Vorstellung von einem Gott oder etwas Übernatürlichem brauchen, um den Ablauf der Natur zu erklären. Man braucht Gott auch nicht mehr, um die Lücken unseres Wissens zu füllen, wie es noch Isaac Newton sagte: »Die tägliche Rotation der Erde um ihre Achse kann man nicht durch das Gravitationsgesetz erklären, man braucht dazu eine göttliche Hand …« Der Atheist folgert daraus, dass Gott bedeutungslos geworden ist. Wie Laplace sagte, brauchen wir eine »solche Hypothese« nicht. Viele Menschen sind daher zu der Überzeugung gekommen, dass die Wissenschaft den Glauben an einen Schöpfer überflüssig und unmöglich gemacht hat.

Ein offensichtlicher Trugschluss

Aber darin liegt ein offensichtlicher Trugschluss. Stellen wir uns z. B. ein Auto mit Ottomotor vor. Es ist verständlich, dass ein primitiver Dschungelbewohner, der ein solches Auto zum ersten Mal sieht und die Prinzipien eines Verbrennungsmotors nicht versteht, sich einen Gott (Herrn Otto) im Inneren der Maschine vorstellt, der den Motor zum Laufen bringt. Weiterhin könnte er sich vorstellen, dass Herr Otto, der im Inneren der Maschine ist, ihn mag und dass dies der Grund dafür ist, dass die Maschine gut läuft. Wenn der Motor aber nicht läuft, läge es daran, dass Herr Otto ihn nicht mag. Natürlich würde der Dschungelbewohner allmählich zivilisiert werden, dann vielleicht Maschinenbau studieren und den Motor auseinandernehmen. Dabei würde er entdecken, dass es keinen Herrn Otto in der Maschine gibt und dass er für die Erklärung, wie die Maschine funktioniert, gar keinen Herrn Otto benötigt. Sein Verständnis für die unpersönlichen Prinzipien der Verbrennung würde ausreichen, um zu erklären, wie der Motor funktioniert. So weit, so gut. Vielleicht folgert dieser Mensch nun daraus, dass sein Verständnis der Prinzipien eines Verbrennungsmotors den Glauben an die Existenz von Herrn Otto, der den Motor erfunden hat, überflüssig und unmöglich macht. Diese Folgerung wäre offensichtlich falsch. Er verwechselt die Kategorien. Wir verstehen heute die unpersönlichen Prinzipien, nach denen das Universum funktioniert. Einige nehmen an, dass es deshalb unnötig oder unmöglich ist, an die Existenz eines persönlichen Schöpfers zu glauben, der den großen Motor, das Universum, entworfen und geschaffen hat und erhält. Aber wenn wir das annehmen, verwechseln wir genauso die Kategorien. Wir sollten die Mechanismen eines Prozesses nicht mit seiner Ursache verwechseln. Jeder von uns weiß, wie man zwischen der absichtlich gewollten Bewegung eines Armes und einer gezwungenen krampfartigen Bewegung unterscheidet, die durch Kontakt mit elektrischem Strom verursacht wird.

An diesem Punkt werden jedoch die Menschen, die von diesem Mythos überzeugt sind, dazu neigen, wie folgt zu antworten: »Nun, es ist durchaus denkbar, dass es einen Gott außerhalb des Universums gibt, der das Universum erschaffen hat. Tatsächlich ist aber nichts Näheres über ihn bekannt, und es ist nicht die Aufgabe der Wissenschaft, über seine mögliche Existenz zu spekulieren. Andererseits stehen uns heute Informationen über die Funktionsweise des Universums zur Verfügung. Aufgrund dieser Informationen können wir voller Überzeugung behaupten, dass Gott nicht in die Funktionsweise des Universums eingreifen kann, es nicht tut und es niemals tun wird – falls es überhaupt einen Gott außerhalb des Universums gibt. So macht die Wissenschaft es unmöglich, an den christlichen Anspruch zu glauben, dass Gott in der Person von Jesus Christus in die Natur eingedrungen ist.« Wir wollen nun untersuchen, wie dieser Teil des Mythos entstanden ist.

Wieder der moderne Mythos

Es ist eine der großartigen Errungenschaften der Wissenschaft, dass sie beschreiben kann, was im Universum vor sich geht. Eine andere dieser großartigen Errungenschaften ist die Tatsache, dass die Wissenschaft auch die unveränderlichen Gesetze entdeckt hat, welche die Funktionsweisen des Universums beeinflussen. Hier ist es wichtig, die Behauptungen der Wissenschaftler über diese Gesetze zu verstehen und ihnen zuzustimmen. Diese Gesetze sind nicht einfach nur Beschreibungen von dem, was passiert. Sie ergeben sich aus der Beobachtung der grundlegenden Prozesse. Diese Gesetze beschreiben nicht nur, dass die Natur so funktioniert, wie sie funktioniert, sondern auch, dass sie so funktionieren muss und nicht anders funktionieren kann. Diese Gesetze beschreiben nicht nur, was in der Vergangenheit geschah, sondern sie können auch erfolgreich voraussagen, was in der Zukunft geschehen wird. Vorausgesetzt, wir arbeiten nicht auf Quantenebene, können sie dies mit einer solchen Genauigkeit vorhersagen, dass zum Beispiel die Umlaufbahn der Mir-Weltraumstation so genau berechnet werden kann, dass Marslandungen möglich sind. Es ist daher verständlich, dass manchen Wissenschaftlern die Vorstellung nicht gefällt, dass irgendein Gott willkürlich in die Funktionsweisen der Natur eingreifen, sie abändern, aufschieben oder umkehren könnte. Dies würde im Widerspruch zu den unveränderlichen Gesetzen stehen und so die Grundlagen des wissenschaftlichen Verständnisses des Universums umstürzen.

Genau hier lauert ein weiterer Trugschluss, wie Professor C. S. Lewis mit folgender Analogie illustriert: Nehmen wir an, ich lege in dieser Woche 100 € in die Schublade meines Schreibtisches, weitere 200 € in der nächsten Woche und in der darauffolgenden Woche nochmals 100 €. Die unumstößlichen Rechengesetze erlauben mir vorauszusagen: Wenn ich das nächste Mal in die Schublade schaue, werde ich 400 € finden. Nehmen wir einmal an, dass ich beim nächsten Mal die Schublade öffne und nur 100 € finde. Was soll ich daraus schließen? Dass die Rechengesetze gebrochen wurden? Sicherlich nicht! Ich schließe vernünftigerweise daraus, dass ein Dieb die Gesetze des Staates gebrochen hat und 300 € aus meiner Schublade gestohlen hat. Es wäre lächerlich zu fordern, dass die Rechengesetze es unmöglich machen, an die Existenz eines solchen Diebes und an die Möglichkeit seines Eingreifens zu glauben. Im Gegenteil: Die normale Funktion dieser Gesetze entlarvt die Existenz und die Aktivität des Diebes.

Ebenso sagen die Naturgesetze voraus, was geschehen muss, wenn Gott nicht eingreift – obwohl es selbstverständlich kein Akt des Stehlens ist, wenn der Schöpfer in seine eigene Schöpfung eingreift. Es ist einfach ein Trugschluss zu argumentieren, dass die Naturgesetze es uns unmöglich machen, an die Existenz Gottes und an die Möglichkeit seines Eingreifens in das Universum zu glauben. Ebenso wäre es falsch zu behaupten, dass das Verständnis der Gesetze des Verbrennungsmotors es unmöglich macht zu glauben, dass ein Kfz-Mechaniker eingreifen und den Zylinderkopf eines Autos ausbauen könnte. Natürlich könnte er eingreifen. Das Eingreifen würde diese Gesetze nicht aufheben. Dieselben Gesetze, die erklärten, warum der Motor mit Zylinderkopf funktioniert, würden nun erklären, warum der Motor ohne Zylinderkopf nicht funktioniert.

Nebenbei bemerkt behindert der Glaube an Gott als Schöpfer überhaupt nicht die Entdeckung der Naturgesetze. Historisch gesehen war genau dieser Glaube einer der wichtigsten Gründe dafür, nach den Naturgesetzen zu forschen. Sir Alfred North Whitehead, einer der anerkanntesten und bedeutendsten Wissenschaftshistoriker, sagte: »Die Menschen wurden wissenschaftlich, weil sie davon ausgingen, dass ein Gesetz hinter der Natur steht. Und sie gingen davon aus, dass ein Gesetz dahintersteht, weil sie an einen Gesetzgeber glaubten.« Denken wir nur an Newton, Kepler, Faraday und Clerk-Maxwell. Sie alle würden mit Einstein übereinstimmen, dass Wissenschaft ohne Religion blind und Religion ohne Wissenschaft lahm ist.

An diesem Punkt könnten die Befürworter des Mythos gut erwidern: »Angenommen, es wäre nicht anti-wissenschaftlich, die theoretische Möglichkeit zuzulassen, dass eine Art Gott in die Welt eingegriffen hat: Welchen tatsächlichen Beweis gibt es dafür, dass solch ein übernatürliches Ereignis jemals stattgefunden hat?« Christen werden natürlich antworten, dass es viele Beweise für die wundersame Empfängnis, die Wundertaten und die Auferstehung von Jesus Christus gibt. Dieser Aussage wird folgende Frage gegenübergestellt: »Welche Beweise gibt es? Und wie können Sie erwarten, dass wir diese Beweise akzeptieren? Denn alle Beweise stammen aus dem Neuen Testament, welches in einem vorwissenschaftlichen Zeitalter geschrieben wurde, als die Menschen die Naturgesetze noch nicht verstanden haben. Daher waren sie nur allzu bereit, an ein Wunder zu glauben, als eigentlich gar keines geschah.« Hierin liegt ein weiterer Trugschluss.

Ein weiterer Trugschluss

Nehmen wir z. B. den neutestamentlichen Bericht, dass Jesus von einer Jungfrau geboren wurde, ohne einen menschlichen Vater zu haben. Es ist offen gesagt ein Unsinn zu behaupten, dass die frühen Christen an dieses Wunder glaubten, weil sie die Naturgesetze nicht verstanden, die die Empfängnis und die Geburt eines Kindes regelten. Alle kannten die festgelegten Gesetze der Natur, nach denen Kinder geboren werden. Wenn sie diese Gesetze nicht gekannt hätten, so hätten sie sich ohne Weiteres vorstellen können, dass Kinder ohne einen Vater und ohne eine Mutter auf die Welt kommen könnten. In diesem Fall hätten sie also die Geschichte von der Jungfrauengeburt Jesu überhaupt nicht als ein Wunder angesehen. Die Tatsache, dass sie diese Begebenheit als ein Wunder einstuften, zeigt, dass sie die normalen Gesetze, die die Geburt bestimmen, vollständig verstanden hatten. Wenn jemand die Gesetze nicht verstanden hat, die normalerweise die Ereignisse bestimmen, wie kann dann jemand zu dem Schluss kommen, dass ein Wunder geschehen ist?

Nehmen wir eine andere Begebenheit: Lukas, der in der Wissenschaft der Medizin der damaligen Zeit ausgebildet war, beginnt die Biografie von Christus, indem er genau über dieses Thema berichtet (Lukas 1,5-25). Er berichtet von Zacharias und seiner Frau Elisabeth, die viele Jahre lang für einen Sohn beteten, weil Elisabeth unfruchtbar war. Dem Zacharias erschien in seinem hohen Alter ein Engel, um ihm zu sagen, dass seine Gebete erhört wurden und dass seine Frau einen Sohn empfangen und gebären wird. Als Zacharias das hörte, lehnte er es ab, daran zu glauben. Zacharias begründete seine Antwort damit, dass er zu alt und seine Frau unfruchtbar sei. Ein Kind in ihrem hohen Alter zu haben, hätte allem widersprochen, was sie über die Naturgesetze wussten. Eine interessante Tatsache über ihn ist folgende: Er war kein Atheist, sondern ein Priester, der an Gott und die Existenz von Engeln glaubte und den Wert der Gebete kannte. Er war jedoch nicht bereit, an die Erfüllung seiner Gebete zu glauben, wenn dies die Umkehrung der Naturgesetze bedeutete.

Lukas berichtet, dass der Engel Zacharias für die Unlogik seines Unglaubens mit Stummheit bestrafte. Dies zeigt, dass die frühen Christen kein leichtgläubiger Haufen waren, die keine Ahnung von den Naturgesetzen hatten und daher bereit waren, jede Wundergeschichte zu glauben, wie absurd sie auch war. Genauso wie alle anderen Menschen hatten auch die frühen Christen Schwierigkeiten, an die Tatsache eines solchen Wunders zu glauben. Schlussendlich wurden sie durch die Schwere der vielen Beweise dazu gebracht, doch zu glauben.

Ähnliches schreibt Lukas in seiner Berichterstattung über den Beginn des Christentums, der Apostelgeschichte. Der große Widerstand gegen die christliche Botschaft der

Auferstehung Jesu Christi kam nicht von Atheisten, sondern von den sadduzäischen Hohenpriestern der Juden. Sie waren sehr religiöse Männer. Sie glaubten an Gott. Sie sprachen ihre Gebete. Dies bedeutete aber nicht, dass sie an die Auferstehung Jesu aus den Toten glaubten, als sie zum ersten Mal davon hörten. Sie glaubten nicht daran, weil sie die Ansichten der Welt angenommen hatten. Diese Ansichten ließen es nicht zu, an ein solches Wunder wie die körperliche Auferstehung von Jesus Christus zu glauben (Apostelgeschichte 23,8).

Daher ist es einfach falsch anzunehmen, das Christentum sei in einer leichtgläubigen, vorwissenschaftlichen Welt entstanden. Die Welt des Altertums kannte genauso wie wir heute das Naturgesetz, dass menschliche Körper nicht einfach aus Gräbern auferstehen. Das Christentum und die Botschaft der Auferstehung verbreiteten sich durch die Schwere der Beweise dafür, dass ein Mensch, trotz der Naturgesetze, wirklich aus dem Tod auferstanden ist.

Es ist wahr, dass heutzutage einige Menschen die gleiche Weltanschauung haben wie damals die Sadduzäer. Diese Menschen haben fälschlicherweise versucht, die christliche Botschaft für die wissenschaftliche Denkweise glaubhafter zu machen, indem sie die Wundertaten ganz aus der Bibel wegstreichen und nur die ethischen Lehren von Jesus präsentieren. Dies funktioniert jedoch nicht. Zum einen versichert das Neue Testament selbst, dass die Auferstehung Christi nicht nur irgendeine übernatürliche, unwichtige Verzierung der christlichen Botschaft ist. Die Auferstehung ist der Kern der christlichen Botschaft. Wer die Auferstehung weglässt, zerstört die Botschaft. Wenn das Neue Testament selbst das so erklärt, ist es nutzlos, wenn Menschen 2000 Jahre später argumentieren, dass man die Wunder herausnehmen kann und immer noch das echte Christentum übrig behält (vgl. 1. Korinther 15).

Zum anderen beruht dieser ganze Versuch auf einem Irrtum. Denn unser wissenschaftlicher Fortschritt im Verstehen der Naturgesetze hat es uns vereinfacht, an die Auferstehung Christi zu glauben – und nicht erschwert.

Wissenschaft auf der Seite des Glaubens

Eines der Grundgesetze der Natur, welches von der Wissenschaft entdeckt wurde und ständig verkündigt wird, ist der zweite Hauptsatz der Thermodynamik. Dieses Gesetz lehrt, dass der Zustand des Universums als Ganzes gesehen wie eine Uhr abläuft und die Entropie zunimmt. Wenn der Zustand des Universums sich verschlechtert, dann ist der Gedanke kaum vorstellbar, dass dies schon seit einer unendlich langen Zeit so ist. Die Wissenschaft selbst lehrt, dass es eine Zeit gegeben haben muss, in der der umgekehrte Prozess stattfand und das Universum »aufgezogen« wurde. Wenn also das Universum zu einem bestimmten Zeitpunkt in der Vergangenheit »aufgezogen« wurde, dann ist es weder unmöglich noch unwissenschaftlich, zu glauben, dass bei der Auferstehung Christi der Prozess der Natur wiederum umgekehrt wurde und der tote Körper zum Leben erweckt wurde und aus dem Grab kam.

Die Wissenschaft lehrt, dass die Entropie des Universums als Ganzes gesehen zunimmt. Es kann aber auch

Situationen geben, in denen die Entropie örtlich gesehen abnimmt. Samen entwickeln sich zu Bäumen, die Frucht hervorbringen. Wir wissen, dass dies möglich ist, weil in dieser örtlich begrenzten Situation die Erde eine riesige Menge an Energie von der Sonne erhält. In Übereinstimmung damit weist das Neue Testament darauf hin, dass die Auferstehung von Christus durch die unvorstellbar große Energiezufuhr vom Schöpfer selbst ermöglicht wurde: *»nach der Wirksamkeit der Macht seiner Stärke, in der er gewirkt hat in dem Christus, indem er ihn aus den Toten auferweckte …«* (Epheser 1,19-20).

Ungeachtet dessen könnten einige Menschen eine ständige Schwierigkeit haben, die sie wie folgt ausdrücken: »Die Beweise aus dem Neuen Testament sind für uns heute sehr weit entfernt. Wie können wir einen direkten Zugang dazu bekommen? Die Wunder im Allgemeinen und insbesondere die Auferstehung Christi sind Begebenheiten, die nicht jeden Tag oder jede Woche passieren. Wir haben keine modernen Erfahrungen, die als Vergleich dienen, und kein Kriterium, um die Glaubwürdigkeit der Begebenheiten messen zu können. Wird von uns einfach erwartet, dass wir alles glauben, was die Schreiber des Neuen Testaments berichten, nur weil sie es berichten?«

Der Charakter der Wunder Christi

Die Antwort darauf ist, dass es viele Faktoren gibt, die wir als Beweise für diese Wunder anführen können und die bei der Beurteilung ihrer Glaubwürdigkeit helfen. Zuerst sollten wir den Unterschied bemerken, den es zwischen den verschiedenen Wundern gibt. Zum einen gibt es die Wunder, die Jesus wirkte und von denen das Neue Testament berichtet. Zum anderen gibt es die albernen Wundergeschichten, die von leichtgläubigen Menschen in späteren, entarteten Zeiten der Christenheit erfunden wurden.

In den zuletzt genannten Geschichten weinen Bilder aus Stein Blutstränen, Wölfe verwandeln sich in Menschen und Vögel entstehen aus einem Klumpen Ton. Im Neuen Testament ist nichts berichtet, was solchen Geschichten auch nur im Entferntesten ähneln würde. Die Wunder, die Jesus vollbrachte, decken sich mit den normalen Vorgängen in der Natur. Als Jesus auf wundersame Weise Wein machte, zauberte er ihn nicht einfach aus der Luft herbei. Er bat um Wasser und verwandelte dieses Wasser in Wein. Dies vollbringt die Natur Jahr für Jahr, indem sie Mittel wie Reben und Erde, Sonne und Regen nutzt. Hätte Jesus unpassenderweise den Wein einfach aus der Luft entstehen lassen, so hätten wir angenommen, dass es sich um eine Art außerirdische magische Kraft gehandelt hat, ohne Berücksichtigung der Natur und ihrer Gesetze. Die Wunder Christi berücksichtigen die Natur, so wie man es von dem Schöpfer der Natur auch erwarten würde. Diese Wunder zeigen aber auch, dass Gott verständlicherweise der Natur überlegen ist.

Des Weiteren müssen wir die moralische Qualität seiner Wunder betrachten. Keines der Wunder Jesu wurde jemals vollbracht, um jemandem Schaden zuzufügen – nicht einmal, um seine Feinde zu zerstören.

Aufschlussreich sind auch die Ausdrücke, die das Neue Testament für die Wunder Jesu verwendet. Manchmal werden die Wunder mit einem Wort beschrieben, das eine mächtige Tat beschreibt. Bei anderen Begebenheiten wird ein Wort gebraucht, das »Wunder« oder »Zeichen« bedeutet. Diese Wörter zeigen, dass Christus absichtlich übernatürliche Taten vollbracht hat, um die Aufmerksamkeit mit Nachdruck auf sich zu lenken. Aber darüber hinaus sollten die Wunder als Zeichen dienen, die auf die großen geistlichen Quellen hindeuten, die Christus allen Menschen zu allen Zeiten und an allen Orten schenken kann.

Dieser Aspekt der Wunder Christi wird besonders von Johannes, dem Schreiber des vierten Evangeliums betont. Sein übliches Wort für ein Wunder ist »Zeichen«. Als Jesus auf wundersame Weise die Brote vermehrte, berichtet Johannes zum Beispiel, dass er dies nicht nur tat, um die Bäuche der Menschen zu füllen. Er wollte die Aufmerksamkeit der Menschen auf die Tatsache lenken, dass er selbst das Brot des Lebens ist und dass er den geistlichen Hunger aller Menschen stillen kann, die ihm durch ihren Glauben vertrauen und ihn als Retter und Herrn annehmen (Johannes 6). An diesem Punkt bleibt es jedem von uns selbst überlassen, ob wir das in unserem eigenen Leben ausprobieren wollen – und damit zu überprüfen, ob das wahr ist oder nicht.

Ein Experiment

Und die entscheidende Überprüfung sieht wie folgt aus: Falls Christus tatsächlich am dritten Tag aus den Toten auferstanden ist – und er ist wirklich auferstanden –, dann bedeutet das, dass er heute lebt und durch seinen Geist in eine persönliche Beziehung zu uns treten kann. Falls wir unsererseits in eine persönliche Beziehung mit ihm kommen wollen, so kann man, wie bei jeder anderen Beziehung auch, die Realität einer solchen Beziehung nur erfahren und beweisen, wenn man sie auch eingeht. Die Möglichkeit, in diese Beziehung zu treten, steht allen von uns offen. Dies meint Johannes, wenn er von den Wundern Jesu berichtet: »*Was hier berichtet ist, wurde aufgeschrieben, damit ihr glaubt, dass Jesus der Messias ist, der Sohn Gottes, und damit ihr durch den Glauben an ihn in seinem Namen das Leben habt*« (Johannes 20,31; NeÜ).

Hier nun ein Experiment, das jeder von uns durchführen kann. Wenn Jesus wirklich Gottes Sohn ist, dann spricht das Johannesevangelium mit seiner Vollmacht zu uns. Das ist Gottes Art und Weise, mit uns in Kontakt zu treten. Millionen von Menschen haben bezeugt, dass Gott sich ihnen durch das Lesen des Johannesevangeliums persönlich offenbart hat. Wir können nicht all diese Millionen als Verrückte bezeichnen. Die einzig wirklich wissenschaftliche Vorgehensweise ist, diesen Anspruch zu überprüfen, indem wir dieses Experiment durchführen und es selbst lesen.

Die Suche nach Sinn und Werten

John Lennox

Während der letzten Jahre ist unsere Welt in einen großen Strudel von Veränderungen geworfen worden, der von größerer Schnelligkeit und Bedeutung ist als jemals zuvor. Traditionelle Ideologien und Wertesysteme sind bis in ihre Grundfesten erschüttert worden. Millionen von Menschen sind nun orientierungslos und unsicher, besonders in Bezug auf die folgenden Fragen: »Was ist der Sinn des Lebens?« und »Was für einen Wert hat der Einzelne?«

Es ist ja nicht so, dass Familie und Freunde, Arbeit und Freizeit, Literatur, Kunst und Musik heutzutage keine Bedeutung mehr hätten. Aber darüber hinaus sucht der Mensch ununterbrochen nach einem noch tieferen und befriedigenderen Sinn des Lebens. Wie Herr Jerschow, Mitglied der Akademie sowie Rektor der Universität von Nowosibirsk, uns in Erinnerung gerufen hat, ist diese Frage so wichtig, dass man sie sich trotz – oder vielleicht gerade wegen – der heutigen Krisenzeit stellen muss. Wie können wir über die Zukunft der Menschheit nachdenken, ohne uns mit dem Wert zu beschäftigen, den der Einzelne hat? Professor Alexander King, der Gründer und langjährige Präsident des Club of Rome, stellte fest, dass wir dieser Frage bisher viel zu wenig Aufmerksamkeit geschenkt haben.

Wie wir an diese Frage herangehen, hängt in großem Maße von unserer Weltanschauung ab, von unseren

Überzeugungen und Annahmen über das Wesen von Realität und Wissen, über das Universum, den Menschen, das Leben, den Tod und die Geschichte. In gewissem Sinn gibt es so viele Weltanschauungen wie Menschen. Auf die grundlegenden Fragen gibt es aber trotzdem nur eine begrenzte Anzahl von Antworten. Um ein Beispiel zu nennen, welches sich direkt auf die gegenwärtige Diskussion auswirkt: Wir können entweder eine materialistische oder eine nicht-materialistische Erklärung für das Universum vertreten. Entweder gibt es einen Gott, der schon immer existierte und der das Universum um sich herum geschaffen hat, oder: »Es gibt nur dieses Universum, es gab nie mehr, und es wird auch nie mehr geben«, wie Carl Sagan es ausdrückte. Das heißt, dass das Universum ein geschlossenes System ist, eine Einheit von Ursache und Wirkung.

Ich muss an dieser Stelle erwähnen, dass die materialistische Erklärung einer der Hauptgründe ist, warum heutzutage so viele Menschen den Verlust von Werten und Sinn in ihrem Leben verspüren. Dostojewski schrieb: »Wenn es keine Unsterblichkeit gibt, dann ist alles erlaubt.« Dieser sehr aussagekräftige Gedanke wurde von Nietzsche neu formuliert: »Wenn es keinen Gott gibt, dann ist alles erlaubt.«

Nietzsche sagte voraus, dass die Menschen eines Tages die Auswirkungen ihres Atheismus erkennen würden. Als Folge würden sie das Zeitalter des Nihilismus einleiten – die Zerstörung von Werten und vom Sinn im Leben. Die Literatur und die Wissenschaft bestätigen, dass die Vorhersagen von Nietzsche eingetroffen sind. Der existenzialistische Autor Jean-Paul Sartre, der sehr stark von Dostojewskis Aussage beeinflusst wurde, schrieb: »Jedes existierende Wesen wurde ohne Bedeutung geboren, verlängert sein Leben aus Schwachheit und stirbt durch Zufall.« Die Absurdität von all diesem machte ihn wütend. Aufseiten der Wissenschaftler machte Jacques Monod, Molekularbiologe und Nobelpreisträger, folgende Aussage: »Der Mensch weiß schließlich, dass er allein ist in dieser gefühlslosen Unermesslichkeit des Universums, in der er durch Zufall entstand. Weder sein Schicksal noch seine Pflichten sind irgendwo näher definiert.«

Diese trostlose, nihilistische Philosophie wird vielleicht am besten in dem Stück »Atem« von Samuel Beckett vermittelt. Dieses Stück dauert nur 35 Sekunden, und es wirken keine Schauspieler mit. Am Anfang hört man, wie ein Mensch einatmet, und man sieht, wie ein schwaches Licht angeht, wodurch ein Müllberg auf der Bühne zum Vorschein kommt. Der Lichtstrahl wird etwas stärker und erlischt dann. Man hört, wie ein Mensch ausatmet. Das Stück ist zu Ende.

Die Vorhersage Nietzsches, dass die Abschaffung Gottes als höchstem Wert unaufhaltsam zur Abschaffung des Menschen führt, bestätigt sich. »Nicht nur, dass Gott tot ist«, schreibt der Molekularbiologe und Nobelpreisträger Francis Crick, »der Mensch ist ebenfalls tot. Sein Ursprung ist unpersönlich, dann wurden noch Zeit und Zufall hinzugefügt, die ebenfalls unpersönlich sind. Der Mensch ist tatsächlich tot.«

Ich denke jedoch, dass es unüberwindbare Schwierigkeiten in dieser atheistischen Interpretation gibt. Wie ich schon in einem anderen Buch argumentiert habe[1], halte ich es für unlogisch zu glauben, dass die Ehrfurcht gebietende Komplexität des Universums, sowohl auf der Makroebene als auch auf der Mikroebene, nur ein Ergebnis des Zufalls ist. Falls das so wäre, würden wir das nicht wissen, da in diesem Fall der menschliche Verstand keine Grundlagen hätte. Wenn die Gedanken in meinem Gehirn einfach nur das Ergebnis zielloser Bewegungen von Elementarteilchen sind, welchen Grund hätte ich, sie für wahr zu halten?

Doch die materialistische Erklärung für das Universum zeigt ihren Bankrott nicht nur dadurch, dass sie keine Grundlagen für Rationalität anzubieten hat. Sie kann ferner kein ausreichendes Wertesystem aufweisen. Wenn das Universum ein geschlossenes System ist, das ohne führende Intelligenz von außen nur aus dem Zusammenspiel von blinden Kräften entstand, dann gibt es sicherlich keine absoluten Werte. Erinnern wir uns an Nietzsche: »Wenn es keinen Gott gibt, dann ist alles erlaubt.« Wenn die Logik des Atheismus unausweichlich ist, so müssen wir lernen, damit zu leben, ohne uns darüber zu beschweren – auch wenn die Situation furchtbar ist, in die der Atheismus uns bringt. Das Problem ist, dass wir nicht so leben können. Sogar der eingefleischteste Atheist kann nicht so leben und widerspricht seiner Auffassung ständig durch sein Verhalten. Es sei denn, er wäre ein Monster ohne jegliches menschliches Gefühl. Bertrand Russell erkannte das ganz deutlich: »Sie können nicht so leben, als ob Werte eine

---

1 Siehe »Die Naturwissenschaft und der Glaube an einen Schöpfer« in *Wer glaubt muss denken*, CLV, Bielefeld, 1998.

Frage des persönlichen Geschmacks seien.« Und obwohl er nicht an absolute Werte glaubte, musste er zugeben, dass er seine eigenen Ansichten »unglaublich« fand. Die existenzialistischen Autoren erkannten das ebenfalls. Camus sagte, dass man irgendwie einen Weg finden muss, der über den Nihilismus hinausgeht. Aber wie, wenn es keine absoluten Werte gibt? Sartre sagte: »Triff deine Wahl, und was immer du wählst, ist richtig!« Und Camus empfahl: »Akzeptiert das Absurde und lebt in Liebe zueinander.« Ich bin weit davon entfernt, diese Aussage zu kritisieren. Ich möchte nur aufzeigen, dass er keine Grundlage für sie hatte. Was sollen wir nun über Hitler und Stalin sagen? Sie »wählten« – und Millionen Menschen starben. Zu behaupten, dass alles richtig ist, was man wählt, bedeutet, dass wir über das Andenken von Millionen von Menschen spotten und ihr Schicksal als Belanglosigkeit hinstellen.

Wenn die Vergangenheit so war, was ist dann mit der Zukunft? Die Wissenschaft stellt uns vor bedeutende Entscheidungen. Wir können nun z. B. beginnen, darüber nachzudenken, die Gentechnologie zu nutzen, um Menschen, die noch nicht geboren sind, durch Gentechnologie zu programmieren und zu steuern. Werden wir also nur die Normalen »auswählen« und nur sie leben lassen? Wer wird »Normalität« definieren? Werden alle Generationen in der Zukunft dem Willen weniger führender Wissenschaftler unterworfen sein? In seinem bedeutenden Buch »Die Abschaffung des Menschen« schreibt Professor C. S. Lewis: »Die Macht des Menschen, aus sich zu machen, was ihm beliebt, bedeutet die Macht einiger weniger, aus anderen zu machen, was ihnen beliebt.« Lewis zieht daraus folgenden Schluss: »Und wenn diese Wissenschaftler erfolgreich wären, würde es sich bei dem Ergebnis überhaupt nicht um Menschen handeln, sondern um Kunsterzeugnisse. Der letzte Sieg des Menschen wird sich als die Abschaffung des Menschen herausstellen.«

Die Theorie »was immer du wählst, ist richtig« ist viel zu oberflächlich. Diese Theorie ist nur einer von vielen vergeblichen Versuchen, Moral und Werte von einem geschlossenen System abzuleiten. Beim Aufstellen dieser Theorie haben die Philosophen einen willkürlichen Sprung gemacht: Sie haben einfach ausgewählt, was richtig ist. Jacques Monod räumt folgendes Problem ein: »Eine der größten Schwierigkeiten in der Philosophie ist die Beziehung zwischen dem Bereich des Wissens und dem Bereich der Werte. Das Wissen bezieht sich auf den Ist-Zustand, und die Werte beziehen sich auf den Soll-Zustand. Ich würde sagen, dass alle gängigen Philosophien, einschließlich des Kommunismus, versucht haben, den Soll-Zustand von dem Ist-Zustand abzuleiten. Dies ist unmöglich. Wenn es wahr ist, dass das Universum kein Ziel hat, und wenn es ebenfalls wahr ist, dass der Mensch nur das Produkt des Zufalls ist, so kann der Soll-Zustand nicht von dem Ist-Zustand abgeleitet werden.«

Angesichts der grauenhaften Möglichkeiten und deren katastrophalen Konsequenzen für die Menschheit haben einige Menschen dennoch behauptet, dass wir dieses Problem lösen könnten, indem wir uns das Ziel setzen, die menschliche Rasse zu erhalten. Und zwar nicht als »moralischen Imperativ«, sondern als ein Ziel, das der Instinkt uns vorgibt. Dies bringt uns jedoch auch nicht viel weiter. Lewis brachte nämlich überzeugende Beweise dafür, dass unsere Instinkte auf Kriegsfuß miteinander stehen. Wenn wir in einem Wald einen Hilfeschrei hören, dann haben wir zuallererst den Wunsch wegzurennen (der Instinkt des Selbstschutzes). Wir verspüren aber auch den Wunsch zu helfen (der Herdeninstinkt). Plötzlich stellt sich eine neue Frage: Welchem der beiden Instinkte sollen wir nun gehorchen? Das Gefühl, helfen zu wollen, unterscheidet sich von dem Gefühl, dass wir – egal ob dies uns passt oder nicht – helfen sollten. Die Stimme, die uns sagt, dass wir dem einen Instinkt gehorchen sollen und nicht dem anderen, kann also selbst kein Instinkt sein. Das Notenblatt, das uns vorschreibt, welche Noten zu welcher Zeit gespielt werden sollen, kann nicht eine der Noten sein. Sowohl zwischen einzelnen Menschen als auch zwischen ganzen Völkern gibt es Beschwerden wie »dies ist nicht gerecht« oder »jenes sollten sie nicht tun«. Dies zeigt uns, dass sie eine Vorstellung von Gut und Böse haben, die über beiden Parteien steht.

Die atheistische Weltanschauung versagt deshalb völlig, weil sie uns keine Grundlagen für den Glauben an eine Moral bietet. Im Gegensatz dazu ist die biblische Sicht einleuchtend, denn sie zeigt, dass der Wert des Menschen in der einzigartigen Würde des Menschen begründet ist, der im Bild Gottes geschaffen wurde. Wenn ich einen Computer besitze, der nicht so funktioniert, wie ich es mir wünsche, so habe ich das Recht, ihn mit einem Hammer zu zertrümmern. Warum sollte ich nicht das Gleiche mit meinem Ehepartner tun, wenn ich mich über ihn ärgere?

Ich sollte es deshalb nicht tun, weil die Bibel sagt, dass Männer und Frauen im Bild Gottes geschaffen sind. In gewissem Sinn sind sie Gottes Repräsentanten auf der Erde. Gegen sie zu sündigen, bedeutet, gegen Gott zu sündigen. Welch ein Blutvergießen und Leid wäre der Welt erspart geblieben, wenn man wenigstens diese eine biblische Wahrheit geglaubt hätte!

Viele Menschen, die diesen hohen Wert des Menschen gerne akzeptieren würden, stellen fest, dass sie ebenso wenig mit diesem hohen Wert leben können wie mit ihren atheistischen Anschauungen. Und dies aus dem einfachen Grund, weil alle Menschen gegen ihre Mitmenschen und somit gegen Gott gesündigt haben. Offensichtlich kann man nicht ungestraft gegen Gott sündigen. Dies bedeutet also, dass man am Ende vor Gottes Gericht stehen wird. Allein der Gedanke daran quält den Menschen so sehr, dass er entgegen aller Hoffnung annimmt, der Mensch sei doch nicht so wertvoll und wichtig, wie es die Bibel sagt. Solche Menschen sind vielleicht nicht so ehrlich wie Lukrez, ein Dichter des Altertums, aber tief in ihrem Inneren haben sie die gleichen Gefühle. Lukrez bekannte offen, dass einer der Gründe, warum er an der Theorie der atheistischen Evolution festhielt, die tröstende Tatsache war, dass mit dem Tod alles aus sei und es daher kein göttliches Gericht geben würde. Wenn es kein Endgericht gäbe, bei dem die wirklichen Werte durchgesetzt werden, gäbe es somit auch keine Hoffnung auf eine endgültige Gerechtigkeit mehr.

Hier liegt nun das Dilemma von uns Menschen. Auf der einen Seite sind wir über die Grausamkeiten entsetzt, die daraus resultieren, dass der Wert des Menschen herabgesetzt wurde, und treten für einen höheren Wert des Menschen ein. Auf der anderen Seite haben wir Angst vor den Auswirkungen, die es mit sich bringen würde, wenn wir dem Menschen einen zu hohen Wert geben würden. Die wahre Lösung für dieses Dilemma ist das Evangelium. Jesus, der Sohn Gottes, hat durch seinen Tod die Strafe für die Sünde des Menschen, die dieser gegen Gott und gegen seine Mitmenschen begangen hat, bezahlt. Dadurch bestätigte und rechtfertigte Jesus Gottes Werte und Gottes Gerechtigkeit – und ermöglicht dadurch gleichzeitig jenen Menschen eine vollständige und ehrenhafte Vergebung, die umkehren und an ihn glauben. Diese zentrale Botschaft des Evangeliums lässt wichtige Fragen über die Art der Gerechtigkeit und der Bestrafung aufkommen. Darauf werden wir in einem späteren Kapitel eingehen.

Christentum – Opium fürs Volk?

David Gooding

Karl Marx war zweifellos von echtem Mitleid für die Armen angetrieben, als er behauptete: »Die Religion ist der Seufzer der bedrängten Kreatur, das Gemüt einer herzlosen Welt … das Opium des Volks.« Als er dies sagte, kritisierte Marx nicht nur falsche Religion. Die Bibel selbst ist genauso scharf wie Marx, wenn sie falsche Religion anprangert, die herzlose Kapitalisten duldet, welche ihre Arbeiter unterdrücken (vgl. Jakobus 2,6-7; 5,1-6). Doch warum klagte Marx alle Religionen an? Weil er sah, wie die Arbeiter sie wie ein Beruhigungsmittel verwendeten, das ihre Schmerzen lindern sollte. Die Wirkung von Religion ist also seiner Meinung nach, dass die Arbeiter passiv die Ungerechtigkeit ertragen, statt aktiv dagegen zu kämpfen, weil die Religion den Arbeitern trügerische Versprechen über den Himmel macht.

Somit war die marxistische Lösung die erste, bei der Religion völlig über Bord geworfen wurde. Dann begann sie im Sinne des reinen Humanismus mit dem Menschen allein, um dann einen »neuen Menschen« zu erschaffen. »Die Partei betrachtet die Erziehung des neuen Menschen als die schwierigste Aufgabe der kommunistischen Umgestaltung der Gesellschaft. Es wird erst möglich sein, eine kommunistische Gesellschaft aufzubauen, wenn wir die Wurzeln bürgerlicher Moralprinzipien entfernt, die Menschen im Geist der kommunistischen Moral erzogen und sie geistlich und moralisch erneuert haben« (22. Parteitag der KPdSU, 1961). Interessanterweise stimmt das Neue Testament zumindest in diesem konkreten Punkt mit dem Marxismus überein, nämlich darin, dass religiöse Rituale und moralische Anstrengung nicht ausreichen. Deswegen ist die Erschaffung eines »neuen Menschen« nötig (vgl. 2. Korinther 5,17; Epheser 2,8-10; 4,22-24). Natürlich stimmen Marxismus und Christentum nicht in den Antworten auf die Fragen überein, was am »alten Menschen« falsch ist, wie der »neue Mensch« sein soll und wie die Erschaffung des »neuen Menschen« geschehen kann. Doch dazu später mehr. Lassen Sie uns zuerst einmal zu der Frage nach dem Opium zurückkehren.

Es stimmt tatsächlich, dass Religion in manchen Jahrhunderten und in manchen Ländern wie ein Beruhigungsmittel wirkte. Es stimmt jedoch auch, dass im 20. Jahrhundert humanistische Philosophien, von rechts und von links, wie starke Aufputschmittel wirkten. Ihre Versprechen von einem zukünftigen Utopia haben bei den Menschen den angeborenen Sinn für Recht und Unrecht verändert. Dadurch wurden die Menschen dazu gebracht, scheinbar heldenhafte Dinge zu tun und sich selbst aufzuopfern, um dazu beizutragen, das versprochene Utopia hervorzubringen. Deswegen sind im Laufe des letzten Jahrhunderts Millionen von Menschen gestorben. Das versprochene Utopia wurde jedoch nie erreicht. Es scheint weiter weg zu sein als je zuvor. Die Hoffnungen der Millionen, die jetzt tot sind, sind durch diese humanistischen Philosophien entstanden, für die sie ihr Leben gaben oder derentwegen sie getötet wurden. Diese humanistischen Philosophien haben sich somit als Irrwege erwiesen.

Was ist über den angeborenen Sinn für Recht und Unrecht zu sagen? Wir haben ihn alle, durch ihn wissen wir, dass wir ein Recht auf Gerechtigkeit haben, und er bringt viele Menschen dazu, für Gerechtigkeit zu kämpfen. Offensichtlich wurde er den Menschen nicht erst durch Religion eingepflanzt, da Atheisten ihn genauso haben wie Menschen, die an Gott glauben. Woher kommt dieser Sinn dann? Und ist er nicht ein wichtiger Hinweis darauf, dass die Gerechtigkeit eines Tages siegen wird?

Die Bibel sagt, dass dieser Sinn uns von Gott, unserem Schöpfer, gegeben wurde. Seine ganze göttliche Autorität steht dahinter. Durch die Sünden der Menschen und die Rebellion gegen Gott wird er in uns und in unserer Welt oft unterdrückt, verzerrt, gebrochen oder verbogen. Und dennoch wird sich eines Tages zeigen, dass dieser Sinn für Recht und Unrecht eine reale Grundlage hat. Gott wird diese Welt in Gerechtigkeit durch Jesus Christus richten. Es wird auch ein letztes Gericht geben. Allen, die jemals auf dieser Erde lebten, wird Gerechtigkeit gebracht werden (vgl. Apostelgeschichte 17,31; Offenbarung 20,11-15). Darin finden wir eine enorme Zusicherung. Es lohnt sich, für Gerechtigkeit und gegen Sünde einzustehen, gegen das Böse und gegen jede Art von Verdorbenheit. Unser Sinn für Recht und Unrecht ist etwas wert: Er ist keine Illusion, keine Täuschung.

»Aber nein«, widerspricht der Humanismus, »unser Sinn für Recht und Unrecht ist nicht so bedeutend, wie Sie behaupten. Er ist einfach ein Produkt der Evolution.«

Wenn das stimmt, gibt es gar keine Garantie dafür, dass die Sehnsucht nach Gerechtigkeit im Fall einer bestimmten Person oder einer bestimmten Generation erfüllt wird! Nehmen wir an, es gibt keinen Gott und kein Endgericht. So werden die Millionen, die auf der Erde Unrecht gelitten haben, nie Gerechtigkeit finden. Nicht einmal im kommenden Leben – weil es eben gar kein kommendes Leben gibt. Und die Millionen, die immer noch auf Gerechtigkeit in diesem oder im kommenden Leben hoffen, werden genauso enttäuscht werden. Was gibt es dann überhaupt für einen Anreiz, für Gerechtigkeit zu kämpfen? Oder auch für ein zukünftiges Utopia, das es doch nie geben wird? Genauso wie das Utopia, das uns im 20. Jahrhundert versprochen wurde und das nie entstanden ist. Das bietet keinen Anreiz zum Handeln. Das ist auch nicht beruhigend. Das ist deprimierend.

Aber lassen Sie uns nun die Behauptung betrachten, dass nur die Erschaffung eines »neuen Menschen« wirklich hilft. Hier stimmt die Bibel von ganzem Herzen mit Marx überein und stellt sich damit gegen viele Formen der allgemein verbreiteten Religion. Die Bibel lehrt, dass der Mensch im Grunde böse ist. Das menschliche Herz ist ein Abgrund, unverbesserlich (Jeremia 17,9). Nichts kann das böse Herz des Menschen heilen, nicht einmal die schönsten Rituale und besten Übungen – und auch nicht die ehrliche moralische Anstrengung eines Menschen. Durch nichts kann der Mensch sich so verändern, dass Gott ihn annimmt oder dass er ein würdiger Bürger für irgendein Utopia wird. Nichts führt zur Versöhnung mit Gott, zur Vergebung und zu einem neuen Leben – außer dem Entfernen des bösen Herzens und der Einsetzung eines neuen Herzens, eines neuen Geistes. Mit anderen Worten: nichts außer der Schöpfung eines neuen Menschen. Das geschieht durch persönliche Umkehr und Glauben an den gekreuzigten und wiederauferstandenen Sohn Gottes (Hesekiel 36,26; Titus 3,1-7; 2. Korinther 5,17; Epheser 2,8-10).

Im Gegensatz dazu hat der Marxismus gelehrt, dass der Mensch nicht von Grund auf böse ist. Er hat gelehrt, dass der Mensch noch nicht vollkommen ist, durch die kapitalistische Unterdrückung verzerrt und entfremdet. Schaffen wir die Unterdrückung ab, wird der Mensch sich selbst und die Gesellschaft durch seine eigene Anstrengung retten. Aber schmerzliche Versuche haben bewiesen, dass diese Hoffnung ebenfalls trügerisch ist. In allen Jahrhunderten, und nicht zuletzt in unserer heutigen Zeit, wurden und werden die besten politischen und wirtschaftlichen Pläne durch Menschen zerstört. Sie zerstören diese Pläne wegen ihres nie endenden Egoismus, als Folge von Neid, Eifersucht, Gier, Lust, Trunksucht, durch Diebstahl, Lügen, Grausamkeit und Mord. Die Geschichte zeigt, dass der Mensch von Grund auf sündig und böse ist, wie es auch die Bibel lehrt.

Wie kann der Mensch dann gerettet werden? Bestimmt nicht durch Unabhängigkeit von Gott. Das ist die Ursache für die Schwierigkeiten, nicht die Lösung. Auch nicht durch religiöse Rituale und gute Werke. Zu einem Mann, der schon sehr religiös war, sagte Christus: »Was aus dem Fleisch geboren ist, ist Fleisch, und was aus dem Geist geboren ist, ist Geist. Verwundere dich nicht, dass ich dir sagte: Ihr müsst von Neuem geboren werden« (Johannes 3,6-7).

Man kann einen Hund füttern, bürsten und erziehen, doch man kann ihn dadurch nicht in ein menschliches Wesen verwandeln. Um ein Mensch zu werden, müsste er noch einmal geboren werden. Der einzige Weg, einen gefallenen, sündigen Menschen in ein Kind Gottes zu verwandeln, ist die Erneuerung durch den Geist Gottes. Wenn wir irgendwie darauf hoffen, dass wir es auf andere Weise schaffen, machen wir uns selbst etwas vor.

Führen denn nicht alle Religionen zu Gott?

David Gooding

Der Atheismus kann heutzutage wohl kaum noch als brauchbares Glaubensbekenntnis betrachtet werden. Es ist sicher keine Übertreibung zu behaupten, dass viele Menschen so denken. Was es ihnen jedoch schwer macht und sie letzten Endes davon abhält, ihre Überzeugung aufzugeben, ist ihre Unsicherheit, mit welchem anderen Glaubensbekenntnis sie den Atheismus hinreichend ersetzen könnten.

Für sie ist es nicht selbstverständlich, dass die offensichtliche Alternative zum Atheismus das Christentum ist.

Nehmen wir einmal an, dass die einzige Alternative zum Atheismus der Glaube an irgendeine Art Gott ist. Die Menschen fragen sich: Warum muss es denn unbedingt der Gott des Christentums sein? Warum nicht einer der zahlreichen Götter des Hinduismus – oder sogar alle? Oder Allah, der einzige Gott des Islams? Oder könnte der Theravada-Buddhismus die attraktivste Alternative zum Atheismus sein? Im Gegensatz zum Mahayana-Buddhismus, der an zehntausend Gottheiten glaubt, handelt es sich beim Theravada-Buddhismus genau genommen gar nicht um eine Religion, sondern um eine Philosophie, die an überhaupt keinen Gott glaubt. Trotzdem bietet der Theravada-Buddhismus seinen Anhängern eine Lehre (die drei Pitakas) und eine Reihe von Übungen an, die darauf zielen, die Menschen von der Tyrannei ihrer Wünsche zu befreien. Dadurch sollen sie ein Leben führen, das immer freier wird von Durcheinander, Stress und Angst und somit zu friedlichen Beziehungen mit ihren Mitmenschen führt.

Viele Menschen denken, es sei der Zweck aller Religionen, ein annehmbares Verhalten zu bewirken. Daher fragen sie sich: Was macht es für einen Unterschied, welches spezielle System man wählt, solange man den Grundsätzen der gewählten Religion konsequent und aufrichtig folgt? Wenn das moralische Ziel dasselbe ist, was macht es dann für einen Unterschied, von welcher Richtung und auf welchem Weg man den Berg erklimmt? Am Ende komme man doch schließlich zum selben Gipfel. Führen nicht alle Speichen eines Rades ins Zentrum? Wie auch G. B. Shaw sagte: »Es gibt nur eine Religion in dieser Welt, doch es gibt Hunderte Varianten davon.« Führen somit nicht alle Religionen zu Gott?

Was die Religionen über sich selber sagen

Man muss natürlich auch verstehen, dass nicht jede Religion es so sieht, dass sie nur eine von vielen Alternativen auf dem Weg zum Ziel ist. Buddha behauptete: »Es gibt nur einen einzigen Weg für die Reinigung der menschlichen Wesen«[2], und: »Es gibt nur eine einzige Wahrheit, und keine zweite Wahrheit daneben.«[3] Das mono-

2 R. C. Zaehner, *The Concise Encyclopaedia of Living Faiths*, London: Hutchinson, 1977, S. 265.

3 Ebd., S. 275.

theistische Judentum wird niemals mit der Ansicht des Hinduismus übereinstimmen, dass es Millionen von Göttern gibt. Das Christentum würde zum monotheistischen Judentum und zum Islam sagen, dass es keinen anderen Namen unter dem Himmel gibt als den Namen Jesu, durch den wir errettet werden müssen (Apostelgeschichte 4,12). Für viele Menschen scheint dieser Anspruch auf Einzigartigkeit arrogant, gefährlich und fehl am Platz in einer globalisierten Welt. Wäre es also nicht der beste Weg für einen ehemaligen Atheisten, der eklektischen Philosophie der New-Age-Bewegung zu folgen? Diese Bewegung nimmt das Gute aus allen Religionen und kombiniert es mit Elementen aus dem Animismus, der Naturverehrung, der christlichen Morallehre und dem Pantheismus und formt eine pragmatische Mischung. Da New Age die Existenz einer objektiven Wahrheit verneint, kann es sich fast jedem religiösen Glauben anpassen – vorausgesetzt, dass dieser Glaube selbst keine absoluten Ansprüche stellt.

So überzeugend das auch alles klingen mag: Wir müssen auf der Hut sein, dass nicht genau diese Attraktivität eine Illusion ist, die sich nicht auf Fakten gründet.

Nehmen wir als Erstes die Behauptung: Wenn jemand es ernst meint, macht es keinen Unterschied, welchem System diese Person folgt. In keinem anderen Bereich des Lebens würde ein verantwortungsbewusster Mensch sich damit zufriedengeben, die Ernsthaftigkeit als eine Garantie für Wahrheit oder Sicherheit zu nehmen. Alle Formen der medizinischen Behandlung haben definitionsgemäß dasselbe Ziel, nämlich die Heilung der Kranken. Aber nicht alle Medikamente sind gleich gut oder gleich sicher.

Einige Medikamente haben verheerende Nebenwirkungen. Andere sind giftig. Es wäre nicht klug, unüberlegt den Inhalt einer Flasche zu schlucken, nur weil auf dem Etikett »Arznei« steht. Wir alle glauben an die Existenz einer objektiven Wahrheit, wenn es um Medizin geht!

Das Hauptziel aller Religionen ist eigentlich nicht das gute Verhalten der Menschen zueinander. Aber sogar wenn es so wäre, wäre es gefährlich, ohne weitere Untersuchungen anzunehmen, dass es reicht, sich gut zueinander zu verhalten. In den vergangenen Jahrhunderten wurden die Weltmeere von vielen Piratenschiffen befahren. Auf einigen dieser Schiffe haben sich die Piraten zweifellos sehr gut zueinander verhalten und die Regeln streng und gründlich befolgt, um sicherzugehen, dass die Beute genau verteilt wird. In diesem Sinne waren sie vielleicht zufrieden mit dem Maß der Moral, das sie erreicht hatten. Dies würde aber die Tatsache außer Acht lassen, dass sie Piraten waren, die in Rebellion gegenüber der rechtmäßigen Regierung an Land standen! Wenn diese Regierung sie geschnappt hätte, so hätte ihre Moral sie nicht vor dem Erhängen gerettet. Nimmt man an, dass das Hauptziel der Religion wäre, uns dazu zu bringen, uns gut gegenüber dem Nächsten zu verhalten, dann übersieht man eine wichtige Frage – die Frage nämlich, ob es ein höheres Wesen gibt, einen Schöpfer, der uns geschaffen hat, dem wir Treue schulden und der uns für unsere Untreue und Nachlässigkeit ihm gegenüber zur Rechenschaft ziehen wird. Wenn es solch ein höheres Wesen gibt und wir es ignoriert und seine Gebote gebrochen haben, wird es nicht als Entschuldigung gelten, dass wir sagen können, wir hätten uns gegenüber unseren

Mitmenschen gut verhalten. Es gibt eine unüberwindbare Kluft zwischen dem Theravada-Buddhismus auf der einen Seite und dem Christentum auf der anderen Seite. Für den Theravada-Buddhisten ist der Mensch in seinem ewigen Wesen die größte geistliche Macht im Universum.[4] Im Judentum und im Christentum würde ein solches Denken über sich selbst der Gotteslästerung gleichkommen. Dort glaubt man nämlich, dass der Mensch im Bild Gottes erschaffen wurde, aber dass der Mensch nicht Gott ist. Gott bleibt die größte geistliche Wirklichkeit – und wenn der Mensch die Position Gottes an sich reißt, bedeutet das den Gipfel der Rebellion gegenüber dem Höchsten.

Es gibt einen weiteren unvereinbaren Unterschied zwischen Religionen wie Hinduismus und Buddhismus auf der einen Seite und Judentum und Christentum auf der anderen Seite. Für die beiden erstgenannten Religionen ist die materielle Welt eine Illusion (*Maya*), und das wahre Ziel eines weisen Menschen ist, von der materiellen Welt in ein immaterielles Nirwana zu fliehen. Das Judentum und das Christentum lehnen dies strikt ab. Sie versichern, dass die materielle Schöpfung und der menschliche Körper gut waren, als sie die Hand des Schöpfers verließen. Obwohl die Menschen durch die Sünde zerstört wurden, werden sie eines Tages körperlich auferstehen. Hier gibt es nun zwei miteinander unvereinbare Weltanschauungen, die sich gegenüberstehen. Es wäre ein Zeichen von oberflächlichem Denken anzunehmen, dass man das Beste aus den beiden Ansichten nehmen und miteinander ver-

4 Ebd., S. 409.

binden kann. Welche dieser beiden Ansichten ein Mensch annimmt, bestimmt seine Einstellung gegenüber seinem Umfeld und seinem eigenen Körper – die Unterschiede zwischen der einen und der anderen Einstellung könnten jedoch kaum größer sein.

Religionen und das Problem der Schuld

Wenn wir nun auf die Grundprinzipien der Moral zu sprechen kommen, wie die Eltern zu ehren, nicht zu töten usw., so ist es natürlich wahr, dass alle Religionen mehr oder weniger das Gleiche lehren. Vergleichen Sie zum Beispiel die Fünf Regeln des Buddhismus mit den Zehn Geboten des Judentums. In einem Satz zusammengefasst: Religionen lehren uns, dass wir gut sein sollten. Das Problem ist, dass wir nicht immer gut waren. Wir haben gegen Gott gesündigt, seine Gesetze gebrochen und die Strafen, die dies nach sich zieht, über uns gebracht. Wir haben gegen unsere Mitmenschen gesündigt und sie verletzt. Wir haben uns an uns selbst versündigt. Wenn wir wirklich Gottes Geschöpfe sind, ist die Sünde gegen unsere Mitmenschen und gegen uns gleichzeitig eine schwerwiegende Sünde gegen Gott selbst. Die Menschen sind so geschaffen, dass sie ein schlechtes Gewissen bekommen, wenn sie gegen Gott oder gegen ihre Mitmenschen gesündigt haben. Dieses schlechte Gewissen zerstört ihren inneren Frieden und verfolgt sie wie eine Leiche im Keller. Um Frieden zu bekommen und der Zukunft mit Zuversicht entgegensehen zu können, müssen sie in der Lage sein, dieses schuldige Gewissen loszuwerden. Jede Religion, die sich selbst als eine solche bezeichnet, muss diese Schuldfrage behandeln. Aber wie? Es ist schlimm und sinnlos zu versuchen, die Gewissen von Schuld zu befreien, indem man den Menschen sagt, dass ihre vergangenen Sünden und ihre Schuld unbedeutend sind. Denn schlussendlich würde dies bedeuten, dass die Menschen, gegen die sie gesündigt haben, nicht wichtig sind. Der Schaden, den sie angerichtet haben, wäre unbedeutend und das Gewissen wäre nur eine Schwäche des Charakters, die ganz einfach unterdrückt werden könnte, ohne dass dies eine Strafe nach sich ziehen würde. Kein Paradies könnte jemals auf einer solchen Theorie aufgebaut werden, bei der die Menschen letztendlich unbedeutend sind – obwohl die Menschen genau dies leider mehr als einmal versuchten.

Alle Menschen brauchen daher für dieses Problem dringend eine Lösung, die ihren moralischen Standard und ihren Gerechtigkeitssinn nicht verletzt. Gleichzeitig muss diese Lösung ihnen Vergebung bringen und sie auf gerechte Weise von den Ketten der vergangenen Schuld befreien.

In diesem Punkt unterscheiden sich natürlich die großen Religionen voneinander, und es nützt nichts, diese Tatsache zu verbergen. Bestimmte Varianten des Buddhismus bestreiten, dass es so etwas wie Vergebung überhaupt gibt. Die Menschen müssen einfach ihr unabwendbares, selbst verschuldetes Karma erdulden, das sich jeder individuell durch sein gegenwärtiges Leben und seine vergangenen Leben verdient hat, bis dieses erschöpft ist und sie dann in ihr erhofftes Nirwana entlassen werden. Sie können keine Hilfe von außen erwarten. »Niemand kann einen anderen reinigen.«[5] Es gibt nur den unerbittlichen Weg von Ursache und Wirkung und das Karma. Alle Fehler, die durch die Verdienste nicht aufgewogen werden, müssen in einer womöglich endlosen Folge von Reinkarnationen abgearbeitet werden.

Einige frühe Formen des Hinduismus lehrten, dass man Vergebung durch zeremonielle Geschenke und Opfer für die Götter erhalten kann. Ebenso hatte das Judentum ein umfangreiches System von Opfern, wodurch die Menschen Vergebung durch Gott finden konnten. Aber selbst das Judentum hat darauf hingewiesen, dass das Opfern von Ochsen und Kühen unmöglich als eine ausreichende Lösung für das Problem der menschlichen Schuld angesehen werden konnte (Psalm 40,7). Was wissen denn überhaupt Kühe von Sünde? Wenn sie sich nachts schlafen legen, werden sie nicht von einem schlechten Gewissen geplagt. Moralische Überlegungen liegen weit über ihrem Horizont. Es ist die Ehre, aber auch die Last der Menschen, sich den Ansprüchen der Moral bewusst zu sein.

Tieropfer sind bestenfalls ein symbolischer Weg, durch den man anerkennt, dass die Strafe für Sünden bezahlt werden muss, damit das Gewissen durch diese Vergebung Ruhe bekommt. Heutzutage hat das Judentum selbst dieses System der Symbole verloren und hat dafür keinen Ersatz anzubieten. In diesem Bereich gleicht das Judentum dem Islam. Dieser lehrt den Menschen, sich ganz auf die Gnade des Allmächtigen zu stützen, kann aber dabei kein

5 Ebd., S. 265.

Opfer vorweisen, welches den Preis der Sünde angemessen bezahlen kann.

Die unstrittige Einzigartigkeit Christi

In dieser Beziehung ist das Christentum einzigartig. Obwohl es die Menschen lehrt, gut zu sein, ist dies nicht das Hauptanliegen seiner Botschaft. Der Kern der christlichen Botschaft ist, dass Gott der Richter, gegen den wir alle gesündigt haben, selbst die Aufgabe übernommen hat, sein Gesetz und die allgemeine Gerechtigkeit aufrechtzuerhalten. Er tat dies, indem er seinen Sohn als Opfer gab, um die Sünden der Welt hinwegzunehmen. In diesem Punkt ist Christus einzigartig. Von allen bedeutenden Religionsgründern und -führern ist Christus der einzige, der den Anspruch erhob, unser Schöpfer zu sein, der Mensch geworden war. Nur im Christentum kommt Gott auf unsere Ebene herab. Er ist auch der Einzige, der sich des Problems unserer Sünde annahm, indem er sich selbst auf Golgatha opferte, damit wir Vergebung und Frieden mit Gott bekommen können. Betrachten wir zum Beispiel einmal, was H. D. Lewis schrieb: »Nach dem berühmten Text, der Buddhas Ableben beschreibt, verwarf Buddha zum Zeitpunkt seines Todes alle jene Behauptungen, die aussagen, dass er selbst ein Werkzeug zur Errettung sei.«[6] Zu fragen, warum

6 H. D. Lewis und R. L. Slater, *World Religions*, London: Baltimore Penguin Books, 1966.

wir denken, dass Christus der einzige Weg zu Gott ist, geht völlig am Ziel vorbei. Niemand anders bietet an, dieses schwerwiegende Problem zu lösen. Christus ist der Einzige, der im Rennen ist. Es ist nicht engstirnig, das von Christus anzunehmen, was niemand anders anbietet!

Ferner ist es wichtig, sich über die Grundlagen im Klaren zu sein, auf denen das Angebot Christi aufgebaut ist. Hierin liegt ein weiterer Grund für die Einzigartigkeit des christlichen Glaubens.

Da nicht alle Menschen, die sich zum christlichen Glauben bekennen, diesen Unterschied erkannt haben, wollen wir ihn betonen, indem wir ein gewohntes Bild betrachten, welches die Religion als einen Weg oder Pfad darstellt. Im Buddhismus handelt es sich um den »Achtfachen Pfad« oder »Mittleren Weg«. Schon von Anfang an war der christliche Glaube als »der Weg« bekannt. In diesem Bild gibt es üblicherweise ein Tor am Eingang, durch das man hindurchgehen muss, eine Art Ritual oder eine Erfahrung, die man machen muss, um auf den Weg zu kommen. In vielen Religionen gibt es auch am Ende ein Tor, das entweder in den Himmel oder ins Nirwana etc. führt – obwohl der Zen-Buddhist behauptet, dass Erleuchtung (*satori*) schon in diesem jetzigen Leben möglich ist. Doch *eine* Vorstellung haben sie alle gemeinsam. Ob man nämlich durch das letzte Tor kommt oder nicht (oder ob man Erleuchtung auf dem Weg erfährt oder nicht) hängt von dem Fortschritt ab, den man auf dem *Weg* dorthin macht – das grundlegende Prinzip ist Leistung. Die Menschen denken darüber oft so wie über einen Universitätsabschluss. Wenn man einen Universitätsabschluss erlangen möchte, muss man zuallererst die nötigen Aufnahmeprüfungen bestehen, um zur Universität zugelassen zu werden. Schafft man es nicht durch dieses Tor, kann man nicht einmal mit den Vorlesungen beginnen, die zu dem erhofften Universitätsabschluss führen würden. Doch wenn man es durch das Tor am Anfang geschafft hat, ist das noch keine Garantie dafür, dass man am Ende des Studiums einen Abschluss bekommen wird. Denn es gibt am Ende noch ein anderes Tor, nämlich das Abschlussexamen. Ob man durch dieses Tor hindurchkommt, hängt davon ab, wie gut man im Kurs und im Abschlussexamen abgeschnitten hat. Die Professoren werden ihr Bestes geben, um Ihnen dabei zu helfen. Aber selbst sie können keine Garantie dafür übernehmen, dass Sie es schaffen. Letzten Endes hängt alles von Ihrer Leistung ab. Sie müssen sich diesen Abschluss verdienen. Ob Sie genug dafür getan haben, wird sich erst beim Abschlussexamen zeigen.

Die meisten Menschen denken, dass das Christentum eine solche Religion ist. Um von Gott gerettet und angenommen zu werden, muss man am Anfang des Weges ebenfalls durch ein Tor gehen. Hiermit ist das Ritual der Taufe gemeint. Das Durchschreiten dieses Tores bedeutet, dass man sich nun im Rennen für die Errettung befindet. Dies bedeutet jedoch nicht, dass man bereits gerettet ist. Ob man die Rettung erlangt und von Gott angenommen wird, hängt davon ab, ob man die Prüfung am Ende des Rennens, sprich das Endgericht, besteht. Ob man im Endgericht bestehen wird, hängt vom Fortschritt ab, den man gemacht hat, und von der Leistung, die man während seines Lebens gebracht hat. Natürlich sind die Kirche und ihre Mitarbeiter dazu da, um zu helfen, wie sie nur können. Aber selbst sie können keine Garantie dafür geben, dass jemand im Endgericht bestehen wird. Demnach bleibt die Frage, ob man von Gott angenommen wird, bis zur endgültigen Beurteilung offen. Und dies aus dem guten Grund, dass unsere Werke, unser Fortschritt und unsere Leistung einen Einfluss darauf haben, ob wir von Gott angenommen werden.

Diese Ansicht klingt plausibel, steht jedoch in völligem Widerspruch zu dem, was das Neue Testament tatsächlich darüber lehrt, wie man von Gott angenommen wird. In diesem Zusammenhang macht das Christentum, im Gegensatz zu allen Religionen, reinen Tisch. Das Christentum lehrt ganz eindeutig, dass die Rettung nicht durch Werke und Leistungen erlangt wird. Sie ist eine Gabe Gottes (Epheser 2,8-9). Als kostenloses Geschenk ist die Rettung also nicht davon abhängig, welche Fortschritte jemand auf dem Weg gemacht hat. Dies wirft die folgenden Fragen auf: An welchem Punkt des Weges empfängt man dieses Geschenk? Ab welchem Zeitpunkt haben wir die Zusicherung Gottes, dass er uns angenommen hat? Am Ende des Weges? Nein! Bereits am Anfang des Weges, wie es Jesus seinen Zeitgenossen erklärt: »*Wahrlich, wahrlich, ich sage euch: Wer mein Wort hört und dem glaubt, der mich gesandt hat, hat ewiges Leben und kommt nicht ins Gericht, sondern ist aus dem Tod in das Leben* ***übergegangen***« (Johannes 5,24; Hervorhebung hinzugefügt). Oder wie Paulus es ausdrückte: »*Da wir nun* ***gerechtfertigt worden sind*** *aus Glauben, so haben wir Frieden mit Gott durch unseren Herrn Jesus Christus, durch* *den wir mittels des Glaubens auch den Zugang haben zu dieser Gnade, in der wir stehen, und rühmen uns in der Hoffnung der Herrlichkeit Gottes«* (Römer 5,1-2; Hervorhebung hinzugefügt). Darüber hinaus sehen wir in diesen beiden Aussagen, dass dadurch, dass wir bereits am Anfang des Weges gerechtfertigt wurden, uns Gott auch versichert, dass wir durch das Tor am Ende des Weges hindurchgehen werden. Wie es der Apostel Paulus ausdrückte: »... *da wir jetzt durch sein [Jesu] Blut gerechtfertigt sind, werden wir durch ihn gerettet werden vom Zorn [Gottes]«* (Römer 5,9).

Zu schön, um wahr zu sein?

Auf den ersten Blick scheint dies alles im kompletten Gegensatz zu allem zu stehen, was die Menschen jemals dachten. Daher sind die Menschen dazu geneigt, diese Lehre einfach abzulehnen und zu vermuten, dass dies keine richtige Auslegung der Lehren des Christentums sein kann. Und doch war genau diese grundsätzliche Sicherheit und das Angenommensein von Gott etwas Wesentliches in den Lehren Jesu. Er sagte:

> *»Meine Schafe hören meine Stimme, und ich kenne sie, und sie folgen mir; und ich gebe ihnen ewiges Leben, und sie gehen nicht verloren in Ewigkeit, und niemand wird sie aus meiner Hand rauben. Mein Vater, der sie mir gegeben hat, ist größer als alles, und niemand kann sie aus der Hand meines Vaters rauben«* (Johannes 10,27-28).

Doch vielleicht finden Sie es trotzdem immer noch schwierig zu akzeptieren, dass ein Mensch, der an Jesus glaubt, schon in diesem Leben den Frieden erfahren kann, der in der völligen Annahme durch Gott begründet liegt. Daher lassen Sie uns nun einmal das Bild der engsten aller menschlichen Beziehungen betrachten, nämlich die Beziehung zwischen einem Mann und einer Frau. Der Ehemann will eine glückliche Ehe sicherstellen. Wäre es da klug von ihm, so lange wie möglich nach der Hochzeit zu warten, bevor er seiner Ehefrau sagt, dass er sie angenommen hat? Die Antwort ist klar. Für eine Frau würde es an eine Art Sklaverei grenzen, wenn sie während der ganzen Zeit ihrer Ehe unsicher sein müsste, ob sie genug getan hätte, um von ihrem Ehemann angenommen zu werden. In jeder normalen Ehe versichert der Ehemann seiner Frau schon von Anfang an, dass er sie angenommen und sich ihr ein Leben lang verpflichtet hat. Dadurch vertraut die Frau von Anfang an darauf, dass ihr Mann sie liebt und sie angenommen hat. Auf diese Weise zeigt sich ihre Hingabe an ihn und seine Hingabe an sie.

Dieses Beispiel ist nicht weit hergeholt. Nach der Lehre Jesu ist die Errettung nicht eine Angelegenheit, in der man Schritt für Schritt Punkte verdient und sammelt, um sich einen Platz im Himmel zu erwerben. Errettung hat den Beginn einer persönlichen Beziehung mit unserem Schöpfer als Grundlage. Die Bibel vergleicht diese Beziehung mit der Liebe eines Ehemanns zu seiner Frau (Epheser 5,22-33). Diese Beziehung birgt keine Unsicherheit in sich, die bis zum Ende des Lebens andauert. Das ist gewiss: Wenn diese Beziehung wirklich eingegangen werden soll, dann muss sie im jetzigen Leben eingegangen werden. Doch wenn sie einmal eingegangen ist, dann wird sie ewig andauern.

Und dennoch meinen viele, dass dies einfach nicht wahr sein kann. Sie halten das sogar für gefährlich. »Wenn wir uns in diesem Leben schon sicher sein könnten, dass Gott uns angenommen hat«, sagen sie, »würde uns das nicht dazu verleiten, Jesu Liebe und Gnade durch unwürdiges Verhalten zu missbrauchen?«

Dieser Einwand erscheint ganz vernünftig, besonders für solche Menschen, die niemals erlebt haben, was geschieht, wenn jemand die Einladung von Christus annimmt und diese persönliche Beziehung mit ihm beginnt. Doch die Antwort auf diese Frage ist »Nein«, ein entschiedenes »Nein«. Die Antwort ist »Nein« aufgrund der Art des Tores, durch welches man eintreten muss, um den christlichen Weg einzuschlagen. Das Tor ist nicht der Ritus der Kindertaufe, die an einem Kind vollzogen wird, welches sich nicht einmal bewusst ist, was dabei geschieht. Die wirkliche Neugeburt eines Menschen geschieht durch die Kraft des Heiligen Geistes (Titus 3,3-7; Johannes 3,5-16). Die Neugeburt wird nicht durch die Bemühungen und die Werke eines Menschen erlangt. Sie ist ein Geschenk, welches jeder empfängt, der persönlich umkehrt und Christus als Herrn und Heiland persönlich annimmt (Johannes 1,12-13; Epheser 2,8-10). Durch dieses Geschenk erhalten wir neues geistliches Leben, neue Kraft, neue Wünsche, neue Ziele und vor allem eine neue Beziehung zu Gott. Deshalb führt dies auf ganz natürliche Weise zu guten Werken und somit zu einem völlig neuen Lebensstil. Das bedeutet nicht, dass der Gläubige vollkommen sündlos ist, doch wenn er sündigt, wird ein echter Gläubiger umkehren und seine Sünden bekennen und so Gottes versprochene Vergebung empfangen (1. Johannes 1,9).

Das ist die Herrlichkeit des christlichen Evangeliums. Es beinhaltet aber eine ernste Schlussfolgerung. Wenn es keine Beweise für einen veränderten Lebenswandel gibt, so ist das ein guter Grund, sich ernsthaft zu fragen, ob eine solche Neugeburt jemals stattgefunden hat und ob diese Person jemals durch dieses Tor hindurchgegangen ist. Die Schrift sagt: *»Denn wie der Leib ohne Geist tot ist, so ist auch der Glaube ohne die Werke tot«* (Jakobus 2,26).

Ein Baby bekommt sein Leben nicht dadurch, dass es schreit. Aber ein neugeborenes Baby, das nicht schreit, ist mit Sicherheit eine Totgeburt.

Christi Anspruch auf Wahrheit ist nicht der Anspruch eines Tyrannen

Zum Abschluss wollen wir die Frage betrachten: Wie sieht es mit Christi Anspruch aus, der einzige Retter zu sein? Zum Beispiel sagte er: *»Ich bin der Weg und die Wahrheit und das Leben. Niemand kommt zum Vater als nur durch mich«* (Johannes 14,6). Genauso verkündigten auch seine Apostel seine Einzigartigkeit: *»Und es ist in keinem anderen das Heil, denn es ist auch kein anderer Name unter dem Himmel, der unter den Menschen gegeben ist, in dem wir errettet werden müssen«* (Apostelgeschichte 4,12). In einer zunehmend pluralistischen Welt fühlen viele Menschen sich unbehaglich, wenn sie eine solche Behauptung hören.

Sie teilen die Furcht, die Karl Popper in seinem berühmten Buch *Die offene Gesellschaft und ihre Feinde* anspricht. Er meint, dass die Überzeugung, dass ein Einzelner die Wahrheit hat, immer totalitär ist. Popper zeigt, dass es nur ein kleiner Schritt ist von der Selbsteinschätzung, die sagt: »Ich kenne die Wahrheit …« bis zur Tyrannei, die sagt: »… darum muss man mir gehorchen«. Dies führt Popper zu der Sichtweise, dass alle absoluten Ansprüche auf Wahrheit abgelehnt werden müssen, um die Gesellschaft zu schützen. Die Geschichte zeigt uns zu viele Beispiele dafür, dass diese Furcht berechtigt ist. Deshalb ist es äußerst wichtig zu verstehen, dass Christus zwar solche Ansprüche erhob, Gewalt und Tyrannei jedoch völlig ablehnte. Tatsächlich ist dies ein herrlicher Bestandteil der christlichen Botschaft, dass Christus sich nicht in das Leben der Menschen hineingedrängt hat, indem er bloße Macht spielen ließ – und es hätte ihm nicht an Macht gefehlt –, sondern er wollte, dass die Menschen kommen, um Gott zu vertrauen und zu lieben. Und Vertrauen und Liebe können nicht erzwungen werden, sie können nur gewonnen werden. Christus hat den Menschen vielmehr seine Liebe und Fürsorge gezeigt, wie die Evangelien ausführlich beschreiben. Und wenn einige Menschen ihn trotzdem abwiesen und sagten, dass er gehen sollte, zwang er sie nicht mit Gewalt, sich ihm zu unterwerfen, sondern er akzeptierte ihr Urteil und ging weg (Matthäus 8,34 – 9,1). Als seine Jünger die Schwerter zogen, um ihn zu verteidigen, hielt er sie sofort auf, indem er die folgenden berühmten Worte sagte: *»Stecke dein Schwert an seinen Platz; denn alle, die das Schwert nehmen,* *werden durch das Schwert umkommen«* (Matthäus 26,52). Zum römischen Prokurator Pilatus, vor dem er als potenzieller Rebellenführer angeklagt wurde, sagte er: *»Mein Reich ist nicht von dieser Welt; wenn mein Reich von dieser Welt wäre, hätten meine Diener gekämpft, damit ich den Juden nicht überliefert würde …«* (Johannes 18,36). Pilatus urteilte auf diese Anklage mit der Autorität eines Richters des römischen Reiches: *»Ich finde keinerlei Schuld an ihm«* (Johannes 18,38). In diesem Gespräch teilte Christus Pilatus mit, dass er ein König ist, der in die Welt gekommen war, *um der Wahrheit Zeugnis zu geben* und er behauptete, dass *jeder, der aus der Wahrheit ist, seine Stimme höre* (vgl. Johannes 18,37). So zeigt das Urteil von Pilatus, dass er keine politische Bedrohung in den Ansprüchen Christi erkennen konnte. Außerdem hat Christus sogar für die Soldaten gebetet, die beauftragt waren, ihn zu kreuzigen. Deshalb kann er nicht für die Taten seiner angeblichen Nachfolger verantwortlich gemacht werden. Diese missachteten völlig seinen deutlichen Befehl und benutzten Stärke und Gewalt, um andere zu tyrannisieren.

Solch ein Verhalten ist einfach nicht christlich, auch wenn das Gegenteil behauptet wird. Wenn Christi Anspruch wirklich akzeptiert wird, dann führt dies dazu, dass seine Nachfolger seiner Lehre gehorchen, sogar bis zu dem Punkt, dass sie ihre Feinde lieben. Es ist nicht fair, Christus für das Verhalten derjenigen zu kritisieren, die seine Lehre in den vergangenen Jahrhunderten und sogar jetzt noch missachten und das Christentum in eine Tyrannei verwandeln.

Anhang: Wie finde ich den Weg zur Erfüllung?[7]

David Gooding

Wie kann ich geistliche Erfüllung bekommen, wenn es sie gibt? Wir hätten in der Tat unsere Zeit vergeudet, wenn die ganze Angelegenheit letztlich nicht zu dieser persönlichen und sehr praktischen Frage hinführen würde.

Die Antwort ist denkbar einfach. Die Schrift sagt:

> *»Glaube an den Herrn Jesus, und du wirst errettet werden, du und dein Haus«* (Apostelgeschichte 16,31).

Doch diese ausgesprochene Einfachheit kann auch zur aufreibenden Schwierigkeit werden. Glauben wir nicht alle, oder die meisten von uns, in irgendeiner Hinsicht an Jesus?

Gewiss, in irgendeiner Hinsicht. Aber offensichtlich muss Glaube, der die von Jesus angebotene Erfüllung wirklich empfängt, irgendwie tiefer und persönlicher sein als ein oberflächlicher Allerweltsglaube an Jesus.

Die Bibel sagt: Wahrer Glaube kommt aus dem Hören auf Jesus (vgl. Römer 10,17). Es geht natürlich nicht um Stimmen aus heiterem Himmel, sondern darum, dass man auf Jesu Worte durch die Bibel hört und ihm durch seinen Geist gestattet, sein Wort für uns zu einer lebendigen,

---

7 entnommen aus: David Gooding, *Die Bibel – Mythos oder Wahrheit?*, CLV, Bielefeld, 4. Auflage 2012.

schöpferischen Realität werden zu lassen. Aus genau diesem Grund hat er uns ein schriftlich festgehaltenes Gespräch hinterlassen, das er mit einer Frau über dieses Thema des Empfangens geistlicher Erfüllung führte. Diese Geschichte wird im Anschluss abgedruckt. Lesen Sie diese. Lesen Sie sie nicht nur einmal. Und während Sie darauf hören, was Jesus vor vielen Jahrhunderten zu einer Frau gesagt hat, sollten Sie darum bitten, dass er durch seinen Geist heute zu Ihnen spricht. Und er wird es tun (Johannes 6,37).

Er [Jesus] kommt nun in eine Stadt Samarias, genannt Sichar, nahe bei dem Feld, das Jakob seinem Sohn Joseph gab. Es war aber dort eine Quelle Jakobs. Jesus nun, ermüdet von der Reise, setzte sich so an der Quelle nieder. Es war um die sechste Stunde. Da kommt eine Frau aus Samaria, um Wasser zu schöpfen. Jesus spricht zu ihr: Gib mir zu trinken! (Denn seine Jünger waren weggegangen in die Stadt, um Speise zu kaufen.) Die samaritische Frau spricht nun zu ihm: Wie bittest du, der du ein Jude bist, von mir zu trinken, die ich eine samaritische Frau bin? (Denn die Juden verkehren nicht mit den Samaritern.) Jesus antwortete und sprach zu ihr: Wenn du die Gabe Gottes kenntest und wüsstest, wer es ist, der zu dir spricht: Gib mir zu trinken, so hättest du ihn gebeten, und er hätte dir lebendiges Wasser gegeben. Die Frau spricht zu ihm: Herr, du hast kein Schöpfgefäß, und der Brunnen ist tief; woher hast du denn das lebendige Wasser? Du bist doch nicht größer als unser Vater Jakob, der uns den Brunnen gab, und er selbst trank daraus und seine Söhne und sein Vieh? Jesus antwortete und sprach zu ihr: Jeden, der von diesem Wasser trinkt, wird wieder dürsten; wer irgend aber von dem Wasser trinkt, das ich ihm geben werde, den wird nicht dürsten in Ewigkeit; sondern das Wasser, das ich ihm geben werde, wird in ihm eine Quelle Wassers werden, das ins ewige Leben quillt. Die Frau spricht zu ihm: Herr, gib mir dieses Wasser, damit mich nicht dürste und ich nicht mehr hierherkomme, um zu schöpfen. Jesus spricht zu ihr: Geh hin, rufe deinen Mann und komm hierher! Die Frau antwortete und sprach zu ihm: Ich habe keinen Mann. Jesus spricht zu ihr: Du hast recht gesagt: Ich habe keinen Mann; denn fünf Männer hast du gehabt, und der, den du jetzt hast, ist nicht dein Mann; hierin hast du die Wahrheit gesagt. Die Frau spricht zu ihm: Herr, ich sehe, dass du ein Prophet bist. Unsere Väter haben auf diesem Berg angebetet, und ihr sagt, dass in Jerusalem der Ort sei, wo man anbeten müsse. Jesus spricht zu ihr: Frau, glaube mir, es kommt die Stunde, da ihr weder auf diesem Berg noch in Jerusalem den Vater anbeten werdet. Ihr betet an und wisst nicht, was; wir beten an und wissen, was; denn das Heil ist aus den Juden. Es kommt aber die Stunde und ist jetzt, da die wahrhaftigen Anbeter den Vater in Geist und Wahrheit anbeten werden; denn auch der Vater sucht solche als seine Anbeter. Gott ist ein Geist, und die ihn anbeten, müssen in Geist und Wahrheit anbeten. Die Frau spricht zu ihm: Ich weiß, dass der Messias kommt, der Christus genannt wird; wenn er kommt, wird er uns alles verkündigen. Jesus spricht zu ihr: Ich bin es, der mit dir redet (Johannes 4,5-26).

David Gooding / John Lennox

Wer glaubt muss denken

64 Seiten, Taschenbuch
ISBN 978-3-89397-404-7

Leid, das unerträglich wird, Böses, das überhandnimmt, Ungerechtigkeit, die zum Himmel schreit – und ein liebender, allmächtiger, allwissender, ja sogar persönlicher Gott? Eine junge Mutter mit Krebs im Endstadium – gibt es irgendeinen Sinn in solchem Leid und solchen Schmerzen, oder ist vielleicht sogar das Leben selbst letztendlich sinnlos? Gibt es überhaupt Antworten, oder muss man sich der Hoffnungslosigkeit und dem trostlosen Pessimismus beugen? Dieses Buch behandelt solche und weitere Themen. Aber vor allem zeigt es, dass es außer Antworten auch Hoffnung gibt – die »gute Botschaft« von Jesus Christus!

John Lennox
Der neue Atheismus

Drei Vorträge mit Oxford-Professor Dr. John Lennox

DVD-Box, 1 DVD

ISBN 978-3-86699-908-4

Professor Dr. John Lennox ist Professor für Mathematik an der University of Oxford und Fellow for Mathematics and Philosophy of Science am Green Templeton College. Im Rahmen seiner wissenschaftlichen Tätigkeit in Oxford beschäftigt sich Lennox schwerpunktmäßig mit der Beziehung von Wissenschaft und Religion. Einem großen, internationalen Publikum wurde Lennox durch seine öffentlichen Debatten mit Richard Dawkins (»Der Gotteswahn«) und Christopher Hitchens (»Der Herr ist kein Hirte«) sowie seinem Buch »Hat die Wissenschaft Gott begraben?« bekannt. Im Rahmen einer dreiteiligen Vortragsreihe an der Universität Salzburg spricht Professor Lennox zu den Themen:

1. Hat die Wissenschaft Gott wirklich begraben?
2. Ist Religion gefährlich?
3. Ist Moral auch ohne Gott möglich?